CONFÉRENCE BONCENNE

(Palais de Justice de Niort)

LÉGALITÉ DE LA FAUCONNERIE

LA CHASSE AU VOL

ET LA

LOI DU 3 MAI 1844

MODIFIÉE PAR CELLE DU 22 JANVIER 1874

SUJET TRAITÉ LE 8 MARS 1899

PAR

GASTON DE SAINT-MARC

ÉTUDIANT EN DROIT

MEMBRE DE LA CONFÉRENCE

NIORT
IMPRIMERIE TH. MERCIER
1, Rue Yver, 1

1899

LÉGALITÉ

DE

LA FAUCONNERIE

CONFÉRENCE BONCENNE

(Palais de Justice de Niort)

LÉGALITÉ DE LA FAUCONNERIE

LA CHASSE AU VOL

ET LA

LOI DU 3 MAI 1844

MODIFIÉE PAR CELLE DU 22 JANVIER 1874

SUJET TRAITÉ LE 8 MARS 1899

PAR

GASTON DE SAINT-MARC

ÉTUDIANT EN DROIT

MEMBRE DE LA CONFÉRENCE

NIORT

IMPRIMERIE TH. MERCIER

1, Rue Yver, 1

1899

AVANT-PROPOS

Messieurs,

« *La chasse au vol est-elle licite en France, sous l'empire de la loi du 3 mai 1844 et de celle du 22 janvier 1874?* »

Telle est la question qu'il m'a paru intéressant d'étudier, et que je vais avoir l'honneur de développer devant vous.

Avant d'aborder l'examen de ce petit problème juridique, il est utile de déterminer ce qu'on entend par Fauconnerie *ou* Chasse au vol, *ce qu'elle fut jadis et ce qu'elle est de nos jours. Il conviendra ensuite d'établir que, si ce sport ne jouit pas à notre époque de la haute faveur qui lui était autrefois accordée, il est cependant aussi pratique maintenant qu'au moyen-âge. Il a même gagné en ce sens, qu'on ne le considère plus comme un noble et important privilège, et qu'on ne se plaît point, comme jadis, à l'entourer de difficultés et de mystères pour la rendre inaccessible à tous.* Le dressage *des oiseaux de proie est en effet fort simple par lui-même, et il ne faut point s'en exagérer les difficultés. De la patience, beaucoup de douceur, des soins bien entendus de la part du fauconnier, suffisent presque toujours à surmonter les instincts sauvages de l'oiseau chasseur, à assouplir son caractère, et à obtenir de lui la dépendance et la soumission requises pour en faire un sujet de bon travail.*

La Fauconnerie *est l'art de* dresser *ou* affaîter *et de* gouverner *les oiseaux de proie pour la chasse.*

Les vrais faucons, *les* autours *et les* éperviers *sont les chasseurs par excellence, avec lesquels on peut capturer lièvres, lapins, perdreaux, cailles, etc. (1)*

Les oiseaux de proie en usage pour la chasse au vol se divisent donc en deux classes : Les faucons *et* les autours

Les premiers, munis d'ailes longues et étroites, au vol rapide et flexible, s'élèvent sans effort contre le vent et peuvent déjouer toutes les feintes de leur victime, qui rarement d'ailleurs réussit à leur échapper par la seule ressource de la fuite. Les espèces de ce genre qu'on rencontre aujourd'hui le plus communément sont : le gerfaut, *le* pélerin, *le* hobereau, *l'*émerillon *et la* crécerelle.

Les autours, *au contraire, à l'aile courte et arrondie, ont un vol raide et rapide, mais d'assez courte portée. Ils excellent surtout à saisir leur proie, même au milieu des branches et des fourrés; mais ils ne la poursuivent jamais loin. S'ils ne réussissent pas à s'en emparer presque au départ, ils retournent vers leur maître ou vont se brancher non loin de là sur un arbre ou sur un buisson. Ce genre est représenté en Europe par deux espèces, l'*autour commun *et l'*épervier.

Les faucons *sont dits oiseaux* de haut vol *ou* oiseaux de leurre *parce qu'on les rappelle du haut des airs à l'aide du* leurre, *ou représentation de la proie qu'ils doivent chasser.*

Les autours *sont dits* oiseaux de poing *ou de* bas-vol, *parce que, volant d'ailleurs communément à une très petite hauteur, ils attendent, portés sur le poing de leur maître, le départ de leur proie pour s'élancer à sa poursuite dans un effort impétueux (2).*

(1) On peut encore dire que la *fauconnerie* est l'art d'affaîter ou de dresser à la chasse les *faucons* proprement dits ; et qu'on entend par *autourserie* l'ensemble des règles qui président au dressage, à l'usage et à l'entretièn des *autours* et *éperviers*.

(2) Cette division n'est pas absolue. Il est des cas en effet où les faucons ont à voler comme oiseaux de poing, c'est-à-dire où ils entre-

Bien que les aigles *soient peu utilisés en fauconnerie, avec l'A* nobilis *cependant on peut prendre lièvres, renards et jeunes loups, ainsi que l'écrivait à mon père le prince de Haller en janvier 1888 (1).*

On dresse l'aigle Bonelli à capturer les lapins sous bois.

Les faucons pélerins, laniers, etc., volent depuis les perdreaux, canards, oies, pigeons, corneilles, geais, pies, lapins, lièvres, jusqu'à la gazelle, comme cela se pratique encore aujourd'hui en Tunisie, en Egypte, en Algérie et en Perse.

L'émerillon, miniature du faucon, vole pour alouette, pigeon, merle, caille, etc.

Le hobereau, pour alouettes et oisillons.

*L'*autour *peut voler : lièvre, avec forte femelle, lapins avec autour forme, ou femelle, et tiercelet ; et aussi : le canard, le courlis, la corneille, le faisan, la pie, la huppe, le perdreau, etc.*

Avec l'épervier on peut capturer : le perdreau, la caille, la grive, le merle, l'alouette, la pie et tous les petits oiseaux.

La fauconnerie, qui remonte à la plus haute antiquité, « a eu ses maîtres parmi les princes et ses adeptes parmi les rois », a fort bien dit M. Pierre-Amédée Pichot, de la Revue Britannique.

Dans le vieux monde, les Anglais, les Allemands, les Russes et les Hollandais ont conservé les traditions de cet art si apprécié de nos ancêtres, et en France, même de nos jours, ce beau sport est pratiqué par de nombreux amateurs. Leurs essais heureux, peuvent même faire espérer que nous verrons

prennent leur proie, en partant du poing, au lever du gibier que fait fuir le fauconnier ou le chien qui l'accompagne et lui sert d'auxiliaire. Enfin le *leurre* peut servir de rappel aux oiseaux de *bas vol* comme aux véritables faucons.

(1) M. de Haller, président de la *Société des chasseurs fauconniers de Russie*, est mort dans le cours de l'année 1888.

bientôt de nouveaux adeptes s'adonner près de nous à ce charmant passe-temps, auquel les plus modestes sportsmen peuvent se livrer avec succès.

Nous ne tenterons point de faire ici l'histoire de la Fauconnerie depuis son origine; nous nous bornerons à rappeler ce qu'elle fut depuis le règne de Louis XV jusqu'à notre époque, afin de démontrer tout le parti que l'on peut en tirer comme exercice cynégétique. Sa pratique pourra en effet devenir un jour une bien précieuse ressource, comme distraction pour les amis des plaisirs champêtres, dans un pays où la chasse se meurt et où nous prévoyons, qu'avant dix ans, il sera plus facile de se procurer un aileron de requin ou un nid d'hirondelles à la chinoise, qu'un rôti de mauviettes.

Sa Majesté Louis XV qui avait d'autres goûts plus intimes, montra peu d'entraînement pour la Fauconnerie. Cet art déclina peu à peu sous son règne, et on n'exerça bientôt plus que la basse-volerie.

En 1745 cependant, un gentilhomme Poitevin, Jacques-Elie Manceau, chevalier, seigneur de la Fraignée, la Renaudière (près Celles), et Boissoudan, écrivit un ouvrage de fauconnerie, dont le manuscrit, propriété de la Société des Antiquaires de l'Ouest, a été imprimé en 1864, à la suite d'une édition de La Venerie de du Fouilloux.

L'auteur y exprime le chagrin que lui cause l'indifférence du plus grand nombre des gentilshommes de son temps pour le noble exercice de la chasse au vol. Il ne se doutait guère, que moins de cinquante ans plus tard, l'art qu'il prônait avec tant d'enthousiasme aurait presque complètement disparu.

Jacques de Saint-Marc, mon trisaïeul, ingénieur des ponts et chaussées du Poitou, en résidence à Melle, était en relations amicales avec M. de Boissoudan, et, de 1750 à 1765, époque de la mort de notre fauconnier, il eut souvent le plaisir de le voir chasser avec ses oiseaux, dans les magnifiques plaines qui entourent la Renaudière.

Sous Louis XVI, malgré l'existence d'un vol de service à la Cour, la chasse au faucon n'en tombait pas moins en désuétude. Peu à peu la noblesse l'abandonna pour la chasse au fusil. Enfin, la révolution et les guerres du premier empire donnèrent le dernier coup à la fauconnerie.

Pendant que cet art disparaissait en France, il brillait d'un nouvel éclat en Angleterre, grâce à l'arrivée en ce pays de fauconniers hollandais dont quelques-uns avaient servi à la cour de nos anciens rois.

A partir de 1792, un de ces fauconniers nommé Jean Daams, fit même chaque année le voyage d'Angleterre en Hollande pour aller prendre des faucons Hagards (1). *Dans un de ces voyages il fut pour ainsi dire arrêté par le roi Louis II, qui le décida à rester à sa cour.*

Plus tard, lors de l'abdication du roi de Hollande, ce même fauconnier vint à Versailles où se trouvaient quelques oiseaux de vol. Mais Napoléon absorbé par d'autres soins ne porta jamais grand intérêt à cet équipage (2).

Vers 1805 mon bisaïeul J.-J. Lazare de Saint-Marc, ancien procureur du roi, habitait le château de Sazay, près de Saint-Hilaire-la-Palud. Dans ce pays largement découvert qui avoisine le marais, ses fils aimaient à se livrer à la chasse, et notamment à celle à courre avec le lévrier, dont l'emploi n'était pas interdit à l'époque.

(1) Oiseaux sauvages, en livrée complète.

(2) En 1813, la fauconnerie de la cour fut supprimée, l'aigle réclamant trop de soins alors, pour que de simples faucons présentassent grand intérêt. Napoléon n'assista en effet que trois fois au vol de son équipage, à moins que l'on ne compte cette chasse à tir qu'il fit près de l'endroit où les fauconniers donnaient l'ébat à leurs oiseaux, et où il lui arriva d'abattre un des faucons qui vint à passer tout près de lui *volant d'amont*, et qu'il prit pour un oiseau sauvage.

Ayant souvent entendu vanter devant eux par leur aïeul, les déduits du sire de Boissoudan, les enfants de Saint-Marc et surtout mon grand-père Pierre-Philippe, demandèrent à leur père d'essayer la pratique de la chasse au vol.

Comme on ne savait rien leur refuser, on leur gagea un jeune aide fauconnier, élève de Jean Daams et de François Van den Heuvel venu à cette époque de Hollande en France. Et alors, ces jeunes enthousiastes purent fréquemment se livrer aux plaisirs de l'autourserie et de la fauconnerie, dans les grands espaces qui bordent les marais d'Arçais et de Saint-Hilaire. Une grave maladie contractée par mon grand-père, à ce sport enragé, fut cause qu'oiseaux de chasse et fauconniers retournèrent, par ordre, à leur pays d'origine.

En 1841, une Société fut fondée sous le patronage du roi des Pays-Bas et sous la direction du baron de Tindal pour voler le héron dans les campagnes voisines du château de Loo. A partir de cette époque, la fauconnerie devint en Hollande, aussi florissante qu'aux XVIe et XVIIe siècles. La Société du Loo réussit à prendre en 12 ans, de 1841 à 1852, plus de 1,500 pièces de gibier ; mais elle fut dissoute en 1853.

De nos jours, des tentatives ont été faites pour rétablir la chasse au vol dans notre pays. Un Hawking-Club a même été fondé en 1866 sous la présidence de M. Werlé, de Reims, avec le concours dévoué de M. P.-A. Pichot, directeur de la Revue Britannique. *Outre ce dernier, on comptait parmi les principaux sociétaires de l'équipage : MM. le vicomte de Champeaux-Verneuil, le baron d'Aubilly, le vicomte G. de Grand'maison, le comte Fernand de Montebello el M. Jules-Alphonse d'Aldama.*

La réussite était venue couronner leurs persévérants efforts, lorsque en 1868, des circonstances particulières provoquèrent la dissolution de la Société de fauconnerie de Champagne et forcèrent son excellent chef de vol, John Barr, à retourner en Angleterre. Depuis lors, la fauconnerie fut de nouveau délaissée en France.

Vers 1880, quelques amateurs enthousiastes tentèrent la résurrection de ce beau sport. Leurs essais furent couronnés de succès, et, lors de l'Exposition de Paris de 1889, on put admirer dans les vitrines affectées à l'histoire de la chasse, *de curieuses collections d'ustensiles et accessoires usités anciennement et actuellement chez les différents peuples du monde, pour l'exercice de la Fauconnerie.*

Si l'art de la fauconnerie ne possède plus à notre époque les avantages d'une grande popularité, il n'a cependant rien perdu de sa perfection. Afin de donner satisfaction à ceux d'entre nous qui seraient désireux de s'édifier sur le passé et la pratique de la chasse au vol ancienne et moderne — (sans nous arrêter à la nomenclature des anciens traités) — nous citerons seulement les ouvrages ci-après, utiles à consulter, tant au point de vue historique que technique :

1o Le magnifique ouvrage de Schlegel et de Verster de Wulverhorst *(1844-1853), dédié au roi de Hollande, Guillaume III, et* l'Histoire de la fauconnerie anglaise, *par le capitaine Salvin (1881)* ;

2o Les Mémoires sur la chasse, *de La Curne de Sainte-Palaye ;*

3o Le docteur Chenu a écrit, en collaboration avec M. O. des Mürs, un intéressant petit volume sous le titre : Fauconnerie ancienne et moderne. *Paris, L. Hachette, 1862 ;*

4o L'histoire de la chasse en France, *où le baron de Noirmont a consacré plusieurs chapitres à la Fauconnerie ;*

5o La fauconnerie au Moyen âge et dans les temps modernes, *est un excellent livre, de M. Magaud d'Aubusson, édité à Paris en 1879. L'auteur n'y a pas oublié la partie bibliographique et il y a largement traité la question historique ;*

6o La chasse au vol avec les petites espèces, notions

pratiques de fauconnerie dédiée aux débutants, *par MM. G. Sourbets et de Saint-Marc. Niort, typ. L. Favre, éditeur, 1885.* *(Imprimé à la suite de la réédition de la venerie royale de Salnove)* ;

7° Manuel pratique de fauconnerie au XIXe siècle, *contenant tout ce qu'il faut pour dresser les faucons et autours à la chasse au vol des perdreaux, faisans, canards, lièvres, lapins, etc., par M. G. Foye, ill. par Albert Bettannier (Paris, lib. Pairault, 1886)* ;

8° Dans leur Précis de Fauconnerie contenant les indications nécessaires pour affaîter et gouverner les principaux oiseaux de vol, suivi de l'éducation du cormoran, *MM. G. Sourbets et Camille de Saint-Marc (Niort, Clouzot, 1887) ont étudié, outre l'histoire de la chasse au vol, la partie technique d'une science qu'ils avaient à cœur de vulgariser. Cet ouvrage a été traduit en italien et publié à Turin en 1895, par M. A.-V. Filastori. — Il ne faut pas oublier les ouvrages ci-après. Ils sont des meilleurs :*

9° Traité d'autourserie, *par Alfred Belvalette, dessins d'Ernest Orange. (Paris, lib. Pairault, 1887)* ;

10° De la Basse Volerie et du Dressage pratique de l'autour et de l'épervier, *par C. Cerfon, avec gravures. Vincennes, aux bureaux de l'éleveur, 19, rue de l'Hôtel-de-Ville, 1895.*

Ces ouvrages forment un ensemble de travaux suffisants, pour permettre d'établir une théorie exacte des préceptes de l'ancienne chasse au vol. Avec l'aide de ces traités, que la pratique permet de mieux comprendre, on arrivera rapidement à bien connaître les moyens jadis mis en œuvre pour obtenir l'assouplissement parfait des oiseaux de vol, dont les procédés de dressage sont si peu répandus de nos jours. Par leur lecture, on se rendra compte du charme que pouvait avoir, pour nos ancêtres, un divertissement trop dédaigné à notre époque.

Et maintenant, Messieurs, j'arrive à l'examen et à la dis-

cussion de la question posée; c'est là la partie essentielle et utile de ma tâche, pour l'accomplissement de laquelle je réclame toute votre indulgence et votre bienveillante attention.

Vous avez sans doute été surpris, tout d'abord, de mon choix pour le sujet de cette conférence ; mais si vous voulez bien vous rappeler que les miens se sont toujours intéressés aux oiseaux de sport, soit au point de vue de leur emploi, soit pour en faire (ainsi que mon père), l'objet d'études et de travaux techniques et littéraires, vous ne vous étonnerez plus si, saisissant l'occasion de traiter la question aussi neuve qu'attachante de la légalité de la fauconnerie, *je suis resté fidèle à une tradition qui m'invitait à suivre une voie pour ainsi dire toute tracée. Si votre approbation à ma théorie est pour moi un espoir précieux, croyez aussi, Messieurs, que ma satisfaction sera plus vive encore si je parviens à vous intéresser.*

LÉGALITÉ

DE LA

FAUCONNERIE ET DE LA CHASSE AU VOL

I

Le vol en terrain clos.

L'article 1er de la loi du 3 mai 1844 établit en principe que nul ne pourra chasser, si la chasse n'est ouverte et s'il ne lui a pas été délivré de permis par l'autorité compétente.

Dans sa circulaire du 8 mai 1844, M. le garde des sceaux, N. Martin du Nord, rappelle que cet article modifie l'ancienne législation, en ce qu'il exige, pour *tous les procédés et moyens de chasse*, le permis de l'autorité qui n'était exigé par le décret du 4 mai 1812 que pour la chasse au fusil.

Pour être fidèle à la pensée de la loi, il faut entendre le mot *chasse* dans le sens le plus général, et l'appliquer sans distinction, à la recherche, à la poursuite de tout animal sauvage et de tout oiseau. C'est ainsi au surplus que ce mot a été entendu par la Cour de cassation, même sous l'empire de la législation de 1790 et de 1812.

L'article 2 admet une exception à la règle établie par l'article 1er. Il autorise le propriétaire ou possesseur, à *chasser* ou *faire chasser en tout temps*, *dans ses possessions* attenantes à une habitation et entourées d'une clôture continue faisant obstacle à toute communication avec les héritages voisins.

Au point de vue de la question qui nous occupe, nous pouvons dès maintenant poser en principe, *qu'en tout temps* et dans les conditions ci-dessus, *chez soi* ou *chez autrui avec son autorisation*, il est licite, avec ou sans permis, de chasser tout animal sauvage, *par tous moyens prévus* ou NON PRÉVUS par l'article 9 de la loi de 1844, mais non interdits par un règlement particulier (1).

Par voie de conséquence forcée, la *Chasse au vol* avec faucons ou autours, non interdite comme ne s'exerçant pas au moyen d'engins prohibés, pourra donc être mise en pratique, librement et sans conteste, sous cette condition de clôture, qui affranchit le fauconnier de toutes les entraves qui pourraient sembler résulter d'une fausse interprétation de l'article 9 de la loi (2).

Examinons maintenant si la *Chasse au vol* peut s'exercer librement sous l'empire de l'application directe de la loi, et dans les conditions ordinaires profitables à tout détenteur d'un permis.

II

La chasse au vol, comme moyen de poursuite du gibier, dans les conditions ordinaires.

Si la chasse, par tous moyens licites ou non visés par l'autorité, est possible en tout temps sur une propriété

(1) L'usage d'engins prohibés est interdit même aux propriétaires qui chassent dans leur enclos attenant à leur habitation. (Cass. 26 avril 1845), (Aff. Beau, D. P., 45, 1, 269). (Voy. n° 103, Dalloz, mot. *Chasse*, t. VIII, p. 143.)

(2) Numéro 288, id. La disposition de l'article 12, n° 3, n'est pas applicable d'ailleurs au propriétaire d'un enclos attenant à son habitation.

close, il n'en est pas de même sur une terre ouverte, soit que vous agissiez comme propriétaire, soit que la poursuite du gibier s'y exerce avec le consentement de celui à qui le droit de chasse appartient.

Trois modes de chasse en effet sont seuls conférés et déclarés licites par l'article 9 :

1° La chasse à tir;

2° La chasse à courre ; et celle à cor et à cris, selon les termes de la loi du 22 janvier 1874 ;

3° Et l'emploi des furets et des lacets destinés à prendre les lapins.

« *Tous autres moyens*, ajoute le législateur, *sont formellement prohibés ;* et dans cette prohibition générale se trouve évidemment compris l'emploi des panneaux et filets de toutes espèces, des appeaux, appelants et chanterelles, des lacets, collets et engins de toutes sortes, au moyen desquels la destruction du gibier s'opérait jadis si facilement, et dont l'ancienne législation n'avait pas défendu l'emploi. » (1) Ainsi s'exprimait M. le ministre T. Duchatel, dans sa circulaire du 20 mai 1844 ; et, fait digne de remarque, il n'est nullement question de l'exercice de la fauconnerie et de la chasse au vol, dans la longue énumération de ces prohibitions visées par l'homme d'Etat.

Avant de tirer argument de cet oubli, non plus que de celui de Martin du Nord (dans sa circulaire du 8 mai 1844), examinons d'abord si, dans la *chasse au fusil*, l'oiseau de vol peut être employé sans contravention ; nous étudierons ensuite la *chasse au vol* proprement dite.

§ 1er. — *Emploi de la crécerelle comme moyen de rabat. La chasse au cerf-volant.*

Afin d'établir ce droit, deux conditions sont nécessaires :

(1) V. art. 12 de la loi du 3 mai 1844.

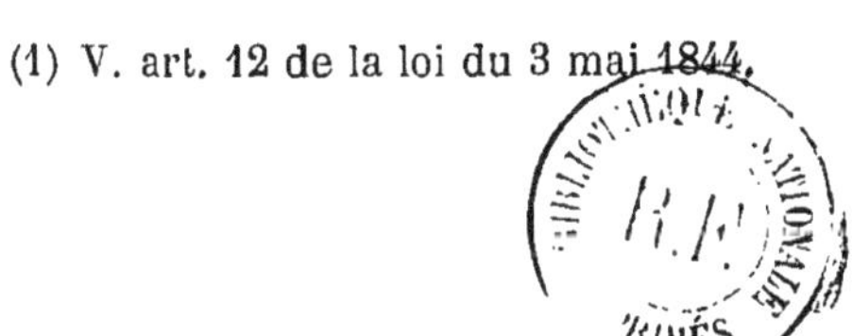

1o Il faut que le faucon puisse voler d'*amont* au-dessus du gibier et suivre le chasseur ;

2o Que l'oiseau serve de *rabat*, sans capturer l'animal de chasse.

Ici, quelques explications sont nécessaires.

Les faucons, une fois sur l'aile, partant de la main du chasseur, entreprennent immédiatement la proie qui fuit ; oubien, *montent à l'essor*, c'est-à-dire volent d'*amont*, se soutenant en l'air contre le vent, en attendant le départ du gibier. Ils reviennent alors volontiers, surtout les petites espèces, à l'appel du fauconnier, quand ce dernier leur tend la main gantée en sifflant ; mais souvent, pour les amener à bas, on doit leur montrer le *leurre* qui sert à les reprendre après un vol infructueux. Aussi, pour ce motif, sont-ils appelés *oiseaux de leurre* (1), comme nous l'avons dit ci-dessus.

La crécerelle, charmant petit oiseau de proie, très commune en tous pays, sociable, familière, extrêmement douce, très éducable, ne manifeste une fois privée que peu d'entrain pour chasser la proie libre ; aussi a-t-on renoncé à l'utiliser en fauconnerie pour la poursuite sérieuse du gibier qui n'a rien à craindre de ses entreprises. Elle n'est utile que pour disposer et préparer le jeune fauconnier au maniement délicat des oiseaux de vol.

Dans le langage vulgaire, on dit qu'elle fait le *Saint Esprit*, lorsqu'elle plane en l'air, les ailes éployées et presque immobiles. Elle peut se *jeter amont* et s'habitue rapi-

(1) Les *autours*, au contraire, reviennent de préférence au poing ou au *tiroir*, parce que, ne faisant en action de chasse qu'un effort de courte haleine, ils retournent de suite vers leur maître, en cas d'insuccès, ou se branchent assez près pour qu'on les reprenne en leur présentant le poing ganté sur lequel ils sont portés d'habitude. C'est pour cette raison qu'on les appelle *oiseaux de poing*. On les habitue cependant à bien prendre le leurre, ce qui peut être quelquefois d'une grande utilité. — Le *tiroir* est un aileron frais ou sec de volaille.

dement à suivre le chasseur. Aussi, il est facile d'utiliser ces seules aptitudes sérieuses, à la poursuite du gibier.

Dans ce but, on se fait accompagner par un aide qui tient l'oiseau sur le poing, et, lorsqu'on est près de la remise, le fauconnier lance la crécerelle qui prend de suite son essor et suit en l'air en volant d'amont. Alors le chasseur au fusil peut s'avancer sans crainte, car la fascination opérée par la vue du faucon est telle, que le gibier immobile de frayeur, se laisse approcher à bonne distance pour être utilement tiré. Tout cela est relativement facile, lorsque l'oiseau est habitué au bruit du fusil et au voisinage des chiens. La crécerelle qui ne tue ni ne capture le gibier, remplit donc les deux conditions énoncées ci-dessus; et n'intervenant dans le drame que comme moyen légitime de *rabat*, son emploi est absolument licite.

D'après l'article 9 de la loi de 1844, en effet, la prohibition de tous moyens de chasse autres que ceux formellement autorisés par la loi, ne concerne que les moyens de chasse complet, c'est-à-dire dont l'emploi suffit pour prendre le gibier, et non pas ceux qui, insuffisants par eux-mêmes à procurer ce résultat, ne peuvent être considérés que comme un accessoire plus ou moins efficace d'un mode de chasse particulier.

Ainsi, par exemple, la chasse aux *traqueurs* est permise, la traque ou battue n'étant point un moyen direct de chasse, mais seulement un procédé particulier de chasse à tir. C'est ce que la Cour suprême a jugé avec raison, en ces termes :

« Attendu que la loi du 3 mai 1844 n'admet que trois modes de chasse : la chasse à tir, la chasse à courre et les furets et bourses destinés à prendre le lapin; que tous les autres moyens sont formellement prohibés, mais qu'on n'a droit de considérer comme *moyens de chasse* proprement dits que ceux dont l'emploi n'est qu'accessoire à un genre de chasse déterminé, et qui cependant aident le chasseur à atteindre le gibier; qu'ainsi, quoique le législateur ne s'en soit pas formellement expliqué, il est hors de doute que, pour la chasse à tir, on peut s'aider de chiens d'arrêt ou chiens couchants, qui quêtent le gibier, le suivent à la piste, le débusquent de son gîte et le livrent aux coups du chasseur; que l'office de *traquer* n'est pas d'une autre nature; que relativement à ces procédés auxiliaires, insuffisants par eux-mêmes pour atteindre le but de la chasse, la *loi n'a excepté que l'usage des appeaux et chanterelles;* qu'en jugeant que les traques et battues ne constituent pas un mode spécial et distinct de ceux que la loi a autorisés, l'arrêt attaqué, — (de la Cour de Dijon) — n'a donc violé en rien les articles précités. » (Rej. 29 nov. 1845, aff. Demartinécourt, D. P., 46, 1, 22. — Conf. Paris, 26 avril 1845, aff. Patris, D. P., 45, 2, 153 (1).

En Angleterre, quinze jours après l'ouverture, quand le gibier ne se laisse plus approcher, on fait usage d'un cerf-volant — (représentant en l'air, à s'y méprendre, un épervier) — qu'on fait promener à travers champs par un gamin; et profitant de la distraction et de la fascination des perdreaux, on peut facilement les tuer au chien d'arrêt (2).

D'après un article de M. Jean Manore, publié dans la *Petite Gironde* (5 mai 1898), la chasse à tir à l'aide du cerf-volant est d'importation récente chez nous. Aussi, sans nous arrêter à examiner la question de savoir si ce sport

(1) C'est pour la même raison que la chasse à tir avec l'aide d'un *miroir* n'est pas prohibée : le miroir, ne pouvant servir seul à prendre ou à tirer le gibier, n'est point un engin proprement dit; on ne peut pas non plus l'assimiler, soit aux appeaux, appelants ou chanterelles prohibés par la loi, soit aux appâts dont l'emploi est pareillement interdit par l'article 12, n° 5; c'est un simple auxiliaire de la chasse à tir. (Grenoble, 2 janvier 1845, aff. Grand-Perret, D. P., 45, 2, 42.) Dalloz, R. J., t. VIII, p. 143.

(2) Le Nemrod, 1887, p. 42.

est pratique, — (renvoyant pour cela à l'article indiqué), — nous nous bornerons à étudier ici si le dit *cerf-volant* peut être considéré comme *engin prohibé*, ou tout au moins comme un moyen de chasse interdit.

A coup sûr et tout d'abord, on ne peut le considérer comme engin prohibé, puisqu'il n'a pas pour effet d'appréhender directement le gibier. (Cass. 26 avril 1845).

Nous ne pensons point d'autre part que ce soit un *moyen de chasse interdit.*

Il est vrai que la question ne s'est pas encore posée d'une façon précise devant les tribunaux ; mais il est positif que l'usage de la chasse lui est favorable. Dans les Landes et les Pyrénées, en effet, la chasse aux palombes se pratique de la manière suivante : Des guetteurs montent sur des postes élevés et lancent de là des engins qui simulent le vol de l'épervier. Jamais on n'a considéré ce mode de *rabat* comme illicite. Il est pratiqué ouvertement au vu et à la connaissance de tous.

D'après M. P. Beurdeley, avocat à la Cour de Paris, on peut invoquer en faveur de l'emploi d'un *Epervier épouvantail*, la jurisprudence qui s'est prononcée nettement dans des espèces analogues. Il a été jugé, en effet, que l'emploi de *banderolles* placées par un chasseur, le matin ou la nuit, sur les limites de sa propriété pour retenir le gibier et l'empêcher de sortir, ne constitue ni l'engin prohibé, ni le moyen de chasse défendu. Ce sont seulement là des modes divers, mais légitimes de rabat. (Paris, 31 mars 1865, D. 66, 2, 81.)

C'est l'exercice du droit de propriété, de même que l'emploi de mannequins et autres épouvantails placés par le chasseur sur son terrain. (Le Nemrod, 1887, p. 43). Cette solution, adoptée par la Cour de cassation, nous paraît s'imposer nécessairement à l'usage du cerf-volant comme moyen adjuvant de chasse.

Nous transcrivons ci-après quelques passages de l'intéressant article sur *la chasse au cerf-volant*, publiée par la *Petite Gironde;* leur lecture nous conduira à conclure que l'emploi de la crécerelle dans un but analogue, est aussi licite, étant donné l'inaptitude de ce faucon à capturer la proie libre :

....

La chasse à tir à l'aide du cerf-volant est de création et d'importation récentes ; et si, même, ceux qui en ont entendu parler sont demeurés très sceptiques, cela tient, en partie, à un état d'âme que j'ai constaté récemment. Le pêcheur, disais-je un jour, plus encore que le chasseur, se garde bien de donner à ses rivaux le secret de sa réussite. Or, ceux qui se servent du cerf-volant parlent si peu que les gazettes sont toujours muettes. Cependant, j'ai obtenu d'un de ces heureux Nemrods, qu'en l'honneur d'une fille d'Eve — inutile d'ajouter : curieuse, — il se départît de sa réserve et voulût bien m'autoriser à donner la primeur de ses confidences à la *Petite Gironde.*

Voici sa communication :

....

« La chasse à tir à l'aide du cerf-volant a sa raison d'être ; elle » est aussi productive que fort amusante.

» Vous savez ce qu'il arrive un moment, souvent en pleine » saison, alors surtout que les couverts font défaut, où le gibier » ne se laisse pas approcher et où la chasse devant soi ne donne » plus de résultats.

» La chasse devient tout à fait lamentable lorsque, en fin de » saison, la perdrix est restée en trop grande quantité et que les » couvées peuvent être compromises par les batailles de coqs et » une trop grande agitation au moment des accouplements et de » la ponte. Dans certains pays même, on ne peut recourir à la » destruction en battue, pour ne pas effrayer les lièvres qui, » alors, passeraient chez le voisin.

» Cette situation cynégétique devait inspirer l'Anglais, toujours » pratique, et l'obliger, le conduire à penser. C'est ce qu'il fit. » Partant, sans doute, de cette donnée que, dans le Midi, pour » pousser les vols de palombes vers les filets, on escompte la peur » causée par l'oiseau de proie, vu de loin, et qu'on jette en l'air » des éperviers ou milans factices, l'Anglais réfléchit. Et, songeant

» tout à coup à la possibilité d'opérer la fascination que cause au » gibier l'oiseau de proie planant à une moins grande distance, il » imagina une sorte de cerf-volant confectionné avec de la soie » brune légère. Le résultat fut concluant dès la première expé- » rience.

» Appréciez :

» L'oiseau brun est attaché à un long fil qui aboutit à une » bobine que l'on dévide à volonté. Le chasseur et son homme » marchent contre le vent. — Dame, il faut du vent et pas » de pluie ! — L'oiseau factice monte en l'air et se tient comme » tout cerf-volant bien conditionné. L'œil (un simple trou dans le » taffetas), produit un effet étonnant.

» Quand le gibier se lève, on regarde la remise. Alors l'homme » au cerf-volant se détache, fait un circuit pour dépasser et enve- » lopper cette remise. Puis, une fois le gibier placé entre lui et le » chasseur, il s'arrange de manière à amener le cerf-volant » au-dessus du champ où se trouve le gibier, en maintenant » l'épouvantail à une assez grande hauteur. Immédiatement, » alors, le chasseur s'avance, et la fascination opérée par le cerf- » volant est telle qu'il faut souvent, pour ainsi dire, piétiner la » compagnie de perdrix ou le lièvre pour les faire partir.

» Ne m'est-il pas arrivé, pour certaines compagnies, même, » d'être obligé de passer deux ou trois fois dans le même champ, » avec mon chien, avant de parvenir à lever tous les oiseaux ! »

....

Jean MANORE (1).

La crécerelle qui ne peut être employée utilement en fauconnerie ne s'attaque aux petits oiseaux qu'au plus fort de l'hiver et pressée par la faim. Lorsqu'on la voit au milieu de la plaine faire le Saint-Esprit et que, subitement, elle paraît se laisser tomber sur sa proie, ne croyez pas que ce soit, comme on l'entend souvent dire, pour s'emparer d'une malheureuse alouette qu'elle était en train de fasciner ; bien au contraire, loin de détruire, elle rend un grand service à l'agriculture, en s'emparant de mulots,

(1) La Vie en plein air. *La chasse au cerf-volant.* (*Petite Gironde* du jeudi 5 mai 1898.)

musaraignes, scarabées, grillons, criquets, etc. Pour ces motifs, elle devrait être rangée parmi les animaux utiles et rayée de la liste des nuisibles, où on lui assigne généralement la place qui ne lui appartient pas.

La chasse à tir avec la crécerelle comme *rabat* doit donc être permise au même titre que celle pratiquée avec le *cerf-volant-épervier*, attendu que ces deux modes particuliers ne sont point des moyens complets de chasse proprement dits et ne rentrent pas dans la catégorie des engins prohibés.

Elle ne fait en effet qu'accompagner un genre de chasse autorisé, et n'a pour objet que de retenir le gibier dans un certain espace de terrain et de rendre la chasse plus fructueuse.

§ 2. — *La chasse au vol proprement dite.*

Étudions maintenant si l'exercice de la Fauconnerie, comme moyen de chasse dans les conditions ordinaires, est légal sous l'empire des articles 9 et suivants de la loi du 3 mai 1844 et par application de la loi du 22 janvier 1874.

Lorsque le législateur s'est occupé de réglementer le droit de chasse, il n'a pas eu l'intention formelle d'exclure la chasse au faucon. Mais comme depuis longtemps elle était tombée en désuétude et semblait avoir disparu avec l'ancien ordre de choses, on ne s'en est pas occupé et voilà tout. Si d'ailleurs on avait voulu interdire l'emploi des oiseaux de vol, une mention spéciale était nécessaire. Le silence de la loi à ce sujet et celui de tous les règlements administratifs qui ont suivi, équivalent donc à une autorisation tacite, d'autant que la pratique de la fauconnerie, rentre, ainsi que nous allons le démontrer, dans la catégorie des modes énumérés par l'article 9 de la loi de 1844, et est conforme à l'esprit et au texte de la loi de 1874.

Nous ne voyons pas, du reste, ce que l'on pourrait invoquer pour interdire ce mode de chasse, car il est certainement moins meurtrier que la chasse au fusil. La seule objection que l'on pourrait faire, c'est que, s'il se généralisait dans une certaine proportion, il favoriserait la conservation des aires d'oiseaux classés comme nuisibles et que les gardes ont la mission de détruire. Cette objection tient d'autant moins, que la loi et les arrêtés préfectoraux permettent aux propriétaires et aux chasseurs, de se défaire en tout temps, de pourchasser et détruire les animaux classés comme nuisibles.

Pour en revenir à notre sujet et thème principal, il s'agit de savoir si la chasse à l'oiseau est permise ou défendue.

Nous pouvons dire sans hésiter : *la chasse à l'oiseau est permise*, elle doit l'être.

Dans la loi du 3 mai 1844 sur la chasse, il n'est fait mention de la *volerie* dans aucun article, non seulement parce que ce sport ne peut tomber sous le coup de la loi interdisant les engins prohibés et être considéré comme moyen de destruction — (bien au contraire), — mais plutôt et surtout, parce que *le vol* ne peut être et n'est en réalité qu'une véritable chasse à *courre.*

D'autre part, l'article unique de la loi de 1874, qui modifie les articles 3 et 9 de la loi de 1844, ordonne aux préfets de déterminer par des arrêtés, les époques des ouvertures et des clôtures des chasses, soit *à tir*, *à courre*, *à cor et à cris*. Il décide que, dans chaque département, le permis donne droit de chasser de jour, soit *à tir*, *à courre*, *à cor et à cris.*

Sans vouloir remonter aux lois sur la chasse de juin 1601 et juillet 1607, nous nous bornerons à signaler quelques articles extraits des ordonnances de Louis XIV. — *(Des eaux et forêts, août 1669).* — Ces articles de la loi de 1669, loi qui nous a régi jusqu'à celle de 1844, serviront dans la suite à expliquer l'opinion que nous exprimons, et à prouver la parfaite légalité de la chasse au faucon, — légale en 1669, légale après la loi de 1844 et celle de 1874, et par conséquent légale en 1899.

(Ordonnance de Louis XIV, *Des eaux et forêts, août 1669*, tit. XXX, *Des chasses*) :

« Article VIII. — Défendons à toutes personnes de prendre en nos forêts, garennes, buissons et plaines, aucunes aires d'oiseaux, de quelqu'espèce que ce soit, et en tous autres lieux, les œufs de cailles, perdrix et faisans, à peine de 100 livres pour la première fois, du double pour la seconde, et du fouet et bannissement à six lieues de la forêt pendant cinq ans, pour la troisième ».

« Article XIV. — Permettons néanmoins à tous seigneurs, gentilshommes et nobles de chasser noblement à force *de chiens et oiseaux*, dans leurs forêts, buissons, garennes et plaines, pourvu qu'ils soient éloignés d'une lieue de nos plaisirs, même aux chevreuils et bêtes noires, dans la distance de trois lieues ».

« Article XVIII. — Défendons à tous gentilshommes et autres, ayant droit de chasse, de chasser *à pied ou à cheval, avec chiens ou oiseaux* sur terres ensemencées, depuis que le blé sera en tuyau, et dans les vignes depuis le premier jour de mai jusqu'à la dépouille, à peine de privation de leur droit de chasse, 500 livres d'amende, et de tous dépens, dommages et intérêts envers les propriétaires ou usufruitiers ».

Les passages ci-dessus regardant la conservation des oiseaux et leur mode d'emploi, il convient de s'arrêter particulièrement sur les articles XIV et XVIII, pour démontrer que le vol doit être considéré comme pouvant être identifié à la chasse *à courre*, et à celle *à cor* et *à cris*, puisque, pour rappeler l'oiseau, on se sert de la voix, d'une corne ou d'un sifflet.

De même que pour la chasse à courre, en effet, vous avez le limier avec lequel on fait la plaine ou le bois, et pendant le courre, des relais maintenus par des piqueurs, — de même vous avez en *volerie*, un chien pour vous indiquer la bête de chasse, et l'oiseau ou les oiseaux de vol, maintenus par les jets, pour les laisser courre ou voler au bon moment (1).

La chasse à l'oiseau n'est donc autre chose qu'une chasse à courre, qui change de milieu et se passe dans les airs. D'après l'ordonnance de 1669, nous voyons que *tout veneur était aussi voleur* (honni soit qui mal y pense !); et rappelons enfin, que la chasse au faucon comme la chasse à courre, s'exerçait à *cor* et à *cris* (moyen prévu et autorisé par la loi de 1874), — tant pour le rappel des chiens que pour celui des oiseaux.

Les chiens jouaient un grand rôle dans la chasse au faucon. Il fallait des chiens de plaine pour faire lever la perdrix, des chiens barbets ou autres pour nager dans les marais, rivières, étangs, pour faire partir les canards et les hérons; des lévriers pour saisir la grue, le héron, lorsque les faucons les avaient forcés de descendre à terre. Tous ces chiens étaient dressés à chasser au milieu des chevaux, et surtout à ne jamais faire de mal aux faucons. Dans son ode sur la chasse, Jodelle (2) parle de la bonne intelligence qui régnait entre chiens et faucons :

« Je diroy qu'en ce vol il faut
» Des lévriers pour le héron prendre,
» Et qu'à l'heure qu'il chet d'en haut,
» Les oiseaux que l'on a pu rendre
» Si sages, crainte aucune n'ont
» Des chiens; et ces chiens qui se dressent
» Ainsi si bien, jamais ne blessent
» Les oiseaux qui communs leur sont ».

La *vénerie* et la *fauconnerie*, quoique étant deux arts

(1) Voy. *Le Nemrod*, 1887, pp. 213 à 216, art. de M. G. Foye. *De la légalité de la Fauconnerie en France.*

(2) V. Étienne Jodelle, sieur du Lymodin, auteur dramatique de l'école de Ronsard, né à Paris en 1532, mort en 1573, dans ses *Œuvres et mélanges pratiques.*

distincts par leurs moyens d'action, tendent au même but. Dans la *vénerie*, on force le loup, le sanglier, le cerf, le chevreuil, le renard et le lièvre, à l'aide de chiens ; en *fauconnerie*, on force le milan, la buse, le héron, l'oie sauvage, et comme quadrupèdes, le loup, le lièvre, le lapin, à l'aide d'oiseaux et de chiens. Les prescriptions légales, à l'époque où la *fauconnerie* était encore en honneur, ne distinguaient pas la *fauconnerie* de la *vénerie*; l'une et l'autre étaient régies par les mêmes lois ; c'est ce qui résulte des articles XIV et XVIII précités (1).

Puisque la *chasse au vol* n'est qu'une *chasse à courre, à cor et à cris*, ce point se trouvant démontré, les fauconniers modernes pourront bénéficier de tous les avantages qui résultent des termes de la loi et des arrêtés d'ouverture et de fermeture de la chasse où, de même qu'en celui de 1885 (Deux-Sèvres), l'on trouve cette phrase, reproduite d'ailleurs dans ceux qui l'ont suivi :

La chasse à courre, à cor et à cris, sans armes, ne sera close que le 31 mars.

Reprenant la question à son origine, il est utile de rappeler ici que, d'après la loi du 3 mai 1844, *la chasse au vol*, qui est une *chasse à courre, à cor et à cris*, serait non plus seulement tolérée comme le prétendent quelques-uns, mais bien autorisée ; car nous lisons à l'article 9 de ladite loi :

Dans le temps où la chasse est ouverte, le permis donne à celui qui l'a obtenu, le droit de chasser de jour, à tir et à *courre*, sur ses propres terres et sur les terres d'autrui, avec le consentement de

(1) La création de la qualité de grand fauconnier de France en est également une preuve ; le grand fauconnier de France n'était autrefois que qualifié de fauconnier ; c'est ainsi qu'on le trouve parmi les officiers de la couronne sous la seconde race. Ensuite, il fut connu sous le titre de *Maître de la fauconnerie du roi*. Enfin, sous Charles VI, il

celui à qui le droit de chasse appartient. Tous autres moyens de chasse, à l'exception des furêts et des bourses destinées à prendre le lapin, sont formellement prohibés.

Néanmoins, afin de répondre à toutes les objections, disons qu'en se rapportant à Dalloz, J.-G., t. VIII, *Chasse*, nº 183, nous trouvons le passage suivant :

« Quelques tentatives récentes ayant été faites pour faire revivre *l'art de la fauconnerie* si honoré autrefois, M. Delespaul a demandé s'il était dans la pensée des auteurs de la loi d'interdire la faculté de chasser soit au *faucon*, soit à *l'autour*, soit à *l'épervier*, soit enfin à l'un des oiseaux de proie dont on se servait dans les temps anciens pour la *chasse au vol*. M. le rapporteur a répondu que l'article 9 ne permet que de chasser de jour à tir et à courre ».

D'après cela faudrait-il conclure que la chasse à l'oiseau se trouve prohibée ? Évidemment non, si l'on se reporte à ce que nous venons de dire au sujet de l'assimilation de la chasse au vol à la chasse à courre, et aussi pour les raisons suivantes :

1º Que la chasse au faucon ne se peut pratiquer que de jour et n'est pas aussi destructive que la chasse à tir ;

2º Que la loi a été mal interprétée par M. le rapporteur qui ne se faisait pas une idée exacte de ce sport, puisque le *vol* n'est qu'une chasse à courre ;

3º Que l'opinion qu'a pu exprimer M. le rapporteur n'est pas un article de loi, mais seulement, comme le dit M. Foye, une interprétation et une fausse interprétation ; et qu'enfin, l'interprétation et les déductions présentées ici sont plus conformes *à l'équité*, *à la loi* et *à la justice*, que l'opinion formulée légèrement par M. le rapporteur : *Errare humanum est*. — (*Le Nemrod*, 1887, p. 214.)

prit le titre de *Grand fauconnier*. Eustache de Gaucourt y est le premier qui prit la qualité de *Grand fauconnier de France. Cette charge a été démembrée de celle de Grand veneur.*

Cela est tellement vrai, en effet, que le législateur dans les articles 11 et 12 a pris le soin d'interdire spécialement la chasse en temps de neige, l'emploi des lévriers, d'engins et instruments prohibés, des filets, dragues, appeaux, appelants, chanterelles, etc., sans spécifier la chasse au faucon.

Les circulaires ministérielles qui ont suivi n'ont jamais visé la fauconnerie comme moyen de chasse prohibé.

Si la loi eut voulu l'interdire, après l'observation de M. le rapporteur, lors de la rédaction de l'article 9, elle se fut très certainement exprimée à ce sujet dans les articles suivants. Son silence équivaut donc à une autorisation tacite et bien réelle ; d'autant, nous le répétons, que la chasse au vol, non visée ultérieurement, rentre dans la catégorie des chasses autorisées. Disons enfin que la loi de 1874 a décidé depuis en notre sens, puisque, ainsi que nous l'avons rappelé ci-dessus, à la chasse à *courre* elle a ajouté, comme moyen autorisé de poursuite du gibier, la chasse *à cor et à cris* qui se réfère absolument à la chasse au vol.

L'interdiction de la *volerie* ne se trouvant dans aucun texte de loi ni décisions ministérielles ou arrêtés, et ne pouvant causer aucun dommage, je conclus donc (par combinaison des lois de 1844 et 1874), au droit de *voler* avec le faucon, droit que nous donne aussi bien la *loi naturelle* que la *loi positive.*

L'article 9 qui défendait de se servir de *lévriers*, laisse aux préfets le pouvoir d'autoriser par arrêtés leur usage, pour la destruction des animaux malfaisants et nuisibles.

Ainsi, un arrêté préfectoral qui peut corriger ce qu'il y a d'injuste et de trop rigoureux dans l'article de la loi, en ce qui concerne le *lévrier*, spécialement prohibé, suffirait évidemment pour permettre aux timorés de se persuader que cet acte de l'autorité appliqué à la fauconnerie, fait disparaître la tolérance pour la transformer en la consécration d'un droit.

Un préfet pourra donc parfaitement, en rappelant les prescriptions de la loi, et en réglant l'exercice de la chasse chaque année, prendre les mesures nécessaires pour autoriser la chasse au faucon. Je ne doute point alors que cette autorisation, en faisant revivre un art depuis longtemps délaissé, puisse permettre à nombre d'individus de trouver un emploi, ce qui, pour le bien général, vaudrait mieux que de les laisser tendre la main ou braconner. La chasse au faucon n'étant point complètement revenue dans nos mœurs, il est bien à craindre que MM. les préfets négligent quelque temps encore de prendre les dispositions nécessaires pour en faciliter la pratique ; mais nous sommes persuadés néanmoins, que si les fauconniers ne sont pas jugés dignes d'un arrêté spécial, ils n'encourront jamais aucune poursuite effective, étant donné que l'exercice de leur art ne saurait tomber sous le coup de la loi, ainsi que nous venons de le démontrer.

La rigueur des premières dispositions de l'article 9 qui ne permettent pas d'autre chasse que celle à tir et à courre et celle qui a pour objet de prendre les lapins au moyen de furets et de bourses, est très atténuée, comme on peut le voir, par les dispositions subséquentes du même article et par la loi de 1874, qui enjoignent aux préfets dans certains cas, et qui, dans d'autres, leur permettent de prendre des arrêtés pour régler le mode et l'époque de certaines espèces particulières de chasse.

Les arrêtés préfectoraux sur la chasse sont les mêmes dans presque tous nos départements ; il n'y a que quelques variantes dans certains départements du Midi, pour ce qui regarde la chasse des oiseaux de passage et leur prise, voir même au filet; aussi n'est-ce pas sur le texte lui-même que je veux insister, mais bien sur l'intention et la pensée qui en ont été le sujet. Examinons comment est appliqué l'article 9 de la loi de 1844, et aussi la loi de 1874, dans la police de la chasse des Deux-Sèvres :

Arrêté préfectoral de juin 1844. — « La loi s'exprime d'une manière qui ne permet pas la moindre équivoque. Trois modes de chasse sont aujourd'hui autorisés : 1° la chasse à tir ; 2° la chasse à courre ; 3° l'emploi des furets et bourses destinés à prendre les lapins. Tous autres modes de chasse sont formellement prohibés ».

« La prohibition prononcée par la loi s'étend évidemment à tous les moyens employés journellement et qu'on a voulu faire cesser dans l'intérêt de la conservation du gibier. Ainsi, l'emploi de filets de toute nature, celui des appeaux, des chanterelles, des lacets, collets, tirasses, geolles, glu et engins de toutes espèces qui contribuent d'une manière si fatale à la destruction du gibier est aboli ; celui des chiens lévriers l'est également. Ils ne sauraient être autorisés que par un arrêté spécial pris par moi, etc. ».

Dans l'énumération qui précède, on voit qu'il n'est point question de proscrire la fauconnerie, puisque, non plus que dans les arrêtés qui suivent, et ceux postérieurs à 1874, il n'est question de la chasse au vol comme moyen interdit ou engin prohibé.

Arrêté du 10 août 1897, art. 3. — Sont formellement interdits en tous temps et par tout procédé, même pendant le temps où la chasse est ouverte, *la destruction et la capture des petits oiseaux sédentaires* considérés comme insectivores, et généralement de tous ceux qui n'ont pas été classés comme animaux nuisibles par l'arrêté préfectoral du 12 août 1895 (1).

Si la destruction des petits oiseaux est proscrite pour le chasseur par cet arrêté, il est fait exception cependant pour *l'alouette* dite *lulu*, qui, par l'article 4 : « peut être *détruite sans permis de chasse, en tous temps, même en temps*

(1) Cet arrêté reproduit les dispositions du 4 juin 1885, mentionnées ci-après.

de neige, à l'aide de la nappe et du lacet à un seul crin, à l'exclusion du fusil et de tous autres procédés de chasse. » (v. arrêté préfectoral du 27 janvier 1877.)

Comme conclusion forcée, pendant que la chasse est ouverte, on a le droit de tuer *l'alouette lulu*, par tous moyens autorisés par l'article 9, y compris *avec le faucon*, dont l'emploi rentre dans la pratique de la chasse à courre, à cor et à cris, ainsi que nous l'avons démontré. (1)

III

La chasse des oiseaux de passage et du gibier d'eau.

On considère généralement comme *oiseaux de passage* : *l'alouette, le bec-figue, la bécasse, la caille, la grive, l'hirondelle, l'ortolan, l'outarde et le pigeon ramier* (v. Berriot, p. 93), et les oiseaux qualifiés gibier qui sont en même temps voyageurs (v. Dalloz, n° 188, R. J., t. VIII, art. *Chasse*).

Ajoutons, avec MM. Gillon et Villepin (2), que, sous la dénomination de *gibier d'eau* on doit comprendre : les *râles, courlis, vanneaux, pluviers, bécassines, hérons, cigognes, grues, poules d'eau, oies sauvages, canards, sarcelles, plongeons, cygnes, macareux*, mais non pas la bécasse qui doit être réputée oiseau de passage. (Dalloz, n° 192, art. *Chasse*.)

La loi devait autoriser les préfets à fixer l'époque et le mode de chasse de ces oiseaux, car leur venue peut ne

(1) Les arrêtés préfectoraux (Deux-Sèvres), des 12 août 1895 et 28 juillet 1898, autorisent, en temps de chasse, la chasse de l'alouette *lulu*.

(2) *Nouveau code des chasses.*

pas coïncider avec le temps où la chasse est ouverte et, d'un autre côté, ce n'est pas habituellement avec le fusil qu'on peut les chasser. Il est loisible aux préfets d'autoriser la chasse aux oiseaux de passage, avec *les instruments et les procédés usités dans le pays, même avec ceux dont l'usage est prohibé pour la chasse du gibier ordinaire.* (v. circul. du 9 mai 1844, nº 10. — Dalloz, *Chasse*, nº 186.)

Bien entendu, ajoute M. Dalloz, que l'administration qui peut autoriser à chasser les oiseaux de passage par des procédés exceptionnels, *n'a pas le droit d'interdire de chasser par des procédés autorisés par la loi*, c'est-à-dire au fusil et à courre (bien que la chasse à courre ne soit pas pratiquée ordinairement pour le gibier à plumes).

Comme ce dernier mode ne saurait être empêché et que la chasse au faucon, à cor et à cris, est une chasse à courre, il résulte que, si l'arrêté préfectoral ne vise pas spécialement le libre exercice de la chasse au vol, selon le vœu de la loi elle-même, elle peut être pratiquée sans contestation possible.

Les préfets, d'ailleurs, ne pourraient déroger par des arrêtés, aux règles générales qui interdisent de chasser sans permis (circul. du 20 mai 1844, nº 40), ou sur le terrain d'autrui, sans le consentement du propriétaire.

Nul doute que, comme le font observer MM. Gillon et Villepin, p. 173, si les instruments autorisés pour la chasse des oiseaux de passage procuraient la capture d'oiseaux du pays, il n'y aurait aucun délit. (Dalloz, ibid. nº 187).

Il résulte de ce qui précède, que la chasse des oiseaux de passage avec les faucons, autours et éperviers est licite, et que de plus, les préfets s'autorisant des dispositions de la loi et des circulaires sur la matière, pourront toujours, lorsque le vœu en sera exprimé, comprendre spécialement la chasse au vol dans les moyens à employer pour la poursuite du gibier.

Dans ses arrêtés réglementaires sur la chasse, des 12 août 1895 et 28 juillet 1898, M. le préfet des Deux-Sèvres, visant les lois des 3 mai 1844 et 22 janvier 1874, et aussi l'article 90, § 9 de la loi du 5 avril 1884, a décidé :

Art. 1er. — La chasse des oiseaux de passage aura lieu dans le département des Deux-Sèvres, depuis l'ouverture jusqu'à la clôture de la chasse, au fusil seulement.

L'usage du miroir est néanmoins autorisé pour la chasse *au fusil, de l'alouette dite lulu. Tous autres engins, tels que traîneaux, nappes, lacets, palettes, prasselières, etc., etc., sont formellement prohibés.*

Art. 2. — La chasse au gibier d'eau dans les marais, sur les fleuves, rivières et étangs, restera ouverte jusqu'au 31 mars.

Cette chasse est autorisée, soit en bateau, soit à pied sur les berges et francs-bords desdits marais, fleuves, rivières et étangs. Pendant la clôture ordinaire de la chasse, ou en temps de neige, les chasseurs ne devront s'écarter de plus de vingt mètres du bord de l'eau.

La chasse des halbrans est, en outre, autorisée, à partir du 13 juillet de chaque année, dans les marais non desséchés, sur les étangs et rivières, dans les conditions indiquées ci-dessus.

En édictant que la chasse des oiseaux de passage (et des oiseaux d'eau) n'aurait lieu qu'au fusil seulement, M. le Préfet des Deux-Sèvres a omis de viser *la chasse à courre, à cor et à cris* comme moyen licite. Qu'il nous soit permis de faire respectueusement observer, qu'il y a là une dérogation au principe énoncé ci-dessus, en vertu duquel l'administration n'a pas le devoir d'interdire ou d'exclure les procédés autorisés par la loi.

Cette omission d'ailleurs, disons-le de suite, n'a pas l'importance qu'on pourrait lui prêter tout d'abord, car dans l'habitude ordinaire de la pratique de la poursuite du gibier à plume, les oiseaux de passage ou oiseaux d'eau ne se chassent pas à courre. Il en est autrement pour le cas que nous étudions, puisque la chasse au vol est une véritable chasse à courre. Aussi revendiquons-nous le droit strict, pour les fauconniers, qui est de chasser à courre les oiseaux qu'ils poursuivent.

De ce chef encore, nous sommes donc autorisés à dire, que la chasse au vol est licite pour les oiseaux de passage, le gibier d'eau et les halbrans.

Les préfets, d'ailleurs, ne sont autorisés qu'à régler *le temps* et non *le mode* de la chasse du gibier d'eau. Ils ne peuvent donc permettre de chasser ce gibier autrement qu'*à tir*, ou *à courre* (avec le faucon), à moins, comme le font très bien observer MM. Gillon et Villepin, qu'il ne s'agisse d'un gibier d'eau, qui comme la bécassine, soit en même temps oiseau de passage. (Dalloz, *Chasse*, n° 192).

Nous remarquons enfin, de nouveau, que parmi les engins prohibés par les arrêtés de 1895 et 1898, ne figurent point les oiseaux usités en fauconnerie.

IV

La chasse des animaux malfaisants ou nuisibles.

Les dispositions de l'article 9 précité, et celles de la loi du 22 janvier 1874, relatives aux animaux malfaisants ou nuisibles, reconnaissent le droit qu'a le propriétaire, possesseur ou fermier, de détruire (ou faire détruire), en tout temps, sur ses terres, les animaux *malfaisants* ou *nuisibles ;* mais, de peur que ce droit ne servit de prétexte pour chasser dans toutes les saisons, la loi veut :

1° Qu'on ne puisse réputer malfaisants et nuisibles que les animaux reconnus tels par l'arrêté du préfet;

2° Que l'on ne puisse procéder à leur destruction qu'en employant les moyens, en remplissant les conditions également déterminées par cet arrêté. (Dalloz, *Chasse*, n° 193.)

Quant aux bêtes fauves, dès qu'elles portent dommage à une propriété, le propriétaire ou fermier a le droit de les tuer de quelque manière que ce soit.

Qu'il me soit permis de citer l'arrêté préfectoral d'ouverture de la chasse dans les Deux-Sèvres du 4 juin 1885, où se trouvent mentionnés les animaux nuisibles que le propriétaire peut détruire ou faire détruire par *tous moyens, à l'exception du lacet et du fusil*. Cet arrêté confirme le droit que nous invoquons.

Arrêté préfectoral du 4 juin 1885. — Les animaux nuisibles ou malfaisants que le propriétaire, possesseur ou fermier, peut détruire en tout temps, sur ses terres, par lui-même ou par les agents autorisés sont : 1° les loups, renards, sangliers, biches, cerfs, chats sauvages, putois, fouines, les loutres et les lapins ; 2° le hobereau, l'émerillon, la crécerelle, l'épervier, la buse commune, le busard des marais, la pie-grièche, le corbeau noir, la corneille noire, la corneille mantelée, la pie, le pigeon ramier et le plongeon. Les animaux ci-dessus désignés pourront être détruits à toute époque de l'année, à l'aide de pièges, et *par tous autres moyens*, à l'exception du lacet et du fusil, sans préjudice du droit appartenant au propriétaire ou fermier de détruire, même avec des armes à feu et sans permis, les bêtes fauves qui porteront dommage à ses récoltes.

De l'arrêté précédent, il résulte sans aucun doute et nécessairement, que la *volerie*, par l'emploi des faucons et autours, est autorisée et licite pour la destruction des animaux ci-dessus désignés.

L'arrêté réglementaire du 12 août 1895 reproduit les dispositions de l'arrêté du 4 juin 1885 en ce qui concerne la poursuite des animaux malfaisants et nuisibles, et autorise de plus la destruction des lapins en temps prohibé, au moyen du fusil, sous la condition, pour les propriétaires et fermiers, d'obtenir, pour ce, l'autorisation préfectorale.

L'arrêté du 28 juillet 1898 autorise à nouveau, pour le

porteur d'un permis, la destruction des animaux malfaisants et nuisibles à toute époque de l'année, à l'aide de pièges et par *tous autres moyens*, à l'exception du lacet et du fusil (après la fermeture de la chasse). En ce qui concerne le lapin, même exception favorable pour l'emploi du fusil, avec autorisation en temps utile.

Par arrêté du 27 janvier 1877, l'alouette dans les Deux-Sèvres, a été déclarée animal nuisible. L'arrêté du 28 décembre 1898, maintenant les dispositions de celui de 1877, relatives à la chasse de l'*alouette lulu*, autorise sa destruction sans permis de chasse, en tout temps, même en temps de neige, à l'aide de la nappe et du lacet à un seul crin, à l'exception du fusil et de tous autres procédés de chasse.

Par voie de conséquence, l'alouette, animal nuisible, peut être, ainsi que nous l'avons dit déjà, comme les autres animaux de cette catégorie, chassée par le détenteur d'un permis, au moyen d'un fusil et *par tous autres procédés*, y compris l'emploi du faucon, au moins pendant que la chasse est ouverte.

V

Conclusion.

Il résulte de ce qui précède, que la chasse des *animaux nuisibles*, avec ou sans permis, en temps de chasse ou en temps prohibé, est licite *par tous moyens*, y compris l'usage des faucons et autours, selon les conditions établies par les arrêtés en vigueur.

Ne pourrait-on user de l'oiseau de vol que pour la poursuite des animaux *désignés comme nuisibles*, la marge, pour le plaisir du fauconnier et de l'autoursier, serait déjà fort belle.

Sans parler en effet de la chasse au pigeon ramier et au plongeon, celle de la pie est fort intéressante et très curieuse, car il y a toujours combat très vif ou plutôt assaut de ruses, entre les adversaires; la pie même échappe quelquefois à son persécuteur, qu'il s'agisse du faucon, de l'autour ou de l'épervier. L'alouette se capturera facilement avec le hobereau, l'émerillon et l'épervier.

Quant à la chasse du lapin avec l'autour, accompagné ou non du furet, c'est le plus délirant des sports où excellent de nos jours : MM. Alfred Belvalette, Barachin, Dr Arbel, Cerfon, Gervais et Pierre-Amédée Pichot qui sont, avec M. G. Sourbets, les représentants les plus autorisés de la fauconnerie française.

En résumé, la poursuite des animaux nuisibles, avec le faucon, la chasse au vol pour tout gibier n'étant qu'une chasse à *courre*, à *cor* et à *cris*, rentre dans le cadre des moyens autorisés par les lois de 1844 et de 1874, attendu, ainsi que nous l'avons indiqué, d'autre part, que le faucon ne peut être assimilé à un engin prohibé et n'a jamais été considéré et visé comme tel par les lois et règlements en vigueur.

Les engins prohibés sont ceux susceptibles d'opérer par eux-mêmes la capture du gibier et d'en assurer la possession immédiate et matérielle à celui qui en fait usage. (Cass. 18 décembre 1866; Gaz. pal. 1887, 1, 87; Trib. cor. Valence, 26 septembre 1884; Gaz. pal. 1884, 2, 546.) Les animaux pris de cette manière n'ont aucun moyen de salut, et ils ne peuvent les éviter par la feinte ou la fuite.

Il n'en est pas de même avec l'emploi du faucon qui, ainsi que nous l'avons déjà dit, n'est, comme le chien, qu'un aide pour le chasseur.

L'habileté de ce dernier à dresser son oiseau et à profiter de ses prises, est la seule garantie et condition de son succès, toujours mis en suspens par la fierté et la sauvagerie de son élève, dompté il est vrai, mais jamais asservi.

Le but de la loi étant d'interdire certains modes de chasse pour la conservation du gibier, elle n'a pu viser dans ses articles, ni la fauconnerie, ni l'autourserie. Tout chasseur muni d'un permis pourra donc pratiquer sans crainte ces deux arts et ne point appréhender d'être inquiété dans l'exercice de ce que je considère comme un droit. *La haute et la basse volerie* sont loin en effet d'être des modes de destruction, et contribueraient plutôt à la conservation du gibier. Un *faucon passager* (1) en effet ne doit faire qu'une prise, le *niais* peut en faire plusieurs par chasse ; mais, entre chaque vol, il doit avoir un repos d'au moins vingt minutes.

Dans la chasse au faucon, on recherche surtout l'agrément d'un beau vol et non le plaisir d'une tuerie sans trêve, que peut procurer seul le fusil, avec l'abondance du gibier.

L'autourserie néanmoins donne comme prises de très bons résultats, particulièrement avec le lapin (animal nuisible), et encore, faut-il pouvoir voler dans de bonnes conditions : hautes futaies ou jeunes taillis. Avec l'autour, le faisan se prend facilement dans des tailles de deux ou trois ans au plus, en places claires et en bordures de bois. Pour le canard et les perdreaux, il faut aussi être dans de bonnes conditions, avoir des oiseaux de premier ordre et parfaitement entraînés.

Bien que la fauconnerie n'ait servi dans les temps anciens, qu'à occuper l'oisiveté des uns et à satisfaire l'orgueil

(1) *Passager.* — Oiseau adulte pris au passage pendant une migration.

Niais. — On désigne, sous ce nom, les oiseaux pris dans l'aire et élevés à la fauconnerie.

des autres, nous devons la considérer aujourd'hui à un point de vue tout à fait spécial. Je ne crains pas de trop m'avancer, prétend M. G. Foye, en disant que la fauconnerie moderne est appelée à jouer, dans les guerres futures, un rôle important.

Sans vouloir essayer de traiter ici une question militaire fort intéressante, mais pour laquelle je n'ai aucune compétence, qu'il me soit cependant permis de rappeler (avec de bons auteurs), les avantages que nous pourrions retirer en employant le faucon pour arrêter au passage les pigeons-voyageurs, qu'un ennemi assiégé peut lâcher pour communiquer avec l'extérieur.

Tout engin nouveau servant soit à l'attaque, soit à la défense, a toujours trouvé, jusqu'à ce jour, sa contre-partie. On n'a pas encore sérieusement recherché le moyen de priver la place assiégée du secours des pigeons-voyageurs. La fauconnerie à cet égard pourra rendre, je n'en doute pas, de réels services.

Dès 1885, au moment où la France cherchait à donner une extension et une protection efficace aux messagers aériens qui ont rendu de si grands services pendant la dernière guerre, les Allemands prirent des mesures contraires pour empêcher l'emploi des pigeons-voyageurs. Ils ont rétabli la fauconnerie pour pouvoir suivre et tuer les pigeons employés comme messagers par leurs ennemis. Nos voisins qui ne négligent rien pour être des maîtres dans l'art militaire, parviendront peut-être à un dressage qui, dans tous les cas, ne sera pas exempt de difficultés. (*Petit Journal*, 23 octobre 1885.)

Pourquoi ceux que dans ses moments de détresse, la France a toujours trouvé au nombre de ses plus dévoués défenseurs, pourquoi ceux que la fortune a comblés de ses bienfaits, — de même qu'ils entretiennent des équipages de chevaux et de chiens, — ne donneraient-ils pas

4

l'exemple, en entretenant des équipages de vol ? Unissant alors l'utile à l'agréable, peut-être qu'un jour ces équipages enrégimentés, comme le sont les pigeons-voyageurs, pourraient être d'un puissant secours pour le service du pays.

La Russie, paraît-il, comprenant l'importance qui pourrait résulter de l'entraînement des rapaces comme courriers ailés, se sert depuis quelques mois dans l'armée, de faucons porteurs de dépêches. — (V. *La Famille*, n° 987, 4 sept. 1878, p. 574).

Pourquoi n'imitons-nous pas nos amis et nos anciens adversaires? Les essais à tenter nous diront s'il est préférable de dresser les faucons à poursuivre les pigeons-voyageurs ou à les remplacer. Le succès, dans les deux cas, pourra être assuré par la pratique moderne et la publicité.

Dans son numéro du 18 février dernier, le journal de *La vie au grand air*, a publié un fort intéressant article de M. Paul Mégnin, sur la fauconnerie et l'autourserie ; quatorze superbes illustrations reproduisant des scènes de chasse au vol, nous donnent la note exacte et prise sur le vif, de ce qu'est ce superbe sport de nos jours (1). J'y renvoie mes auditeurs.

Permettez-moi d'ajouter, messieurs, pour terminer cette trop longue étude, qu'il est à souhaiter que de nombreux amateurs s'adonnent à la fauconnerie, charmant passe-temps qui peut emprunter un éclat et un attrait encore plus grands à la présence des dames, pour lesquelles on n'a pas à redouter, avec ce sport, les fatigues et les difficultés de la vénerie. En chassant avec l'autour ou avec les autres oiseaux de vol, elles auraient en effet un rôle actif mais exempt de risques, dans le drame dont

(1) *La vie au grand air*, 2e année, n° 23 (18 février 1899).

toutes les péripéties n'exigent que des mouvements faciles et sans danger. Aussi, peut-on s'étonner à juste titre, qu'elles n'aient pas réclamé en faveur de cette agréable distraction, qui jadis leur plaisait si particulièrement.

Sachant lancer l'oiseau, l'appelant ou l'encourageant par leurs cris, familières avec lui pour l'avoir souvent porté sur le poing et avoir même contribué à son affaîtage, le succès de la chasse leur reviendrait de droit. C'est ce que nous souhaitons voir bientôt se réaliser ; car, ainsi que le disait Guillaume Crétin, chanoine de la chapelle de Vincennes sous Louis XII, en parlant de la fauconnerie :

> « Qui auroit lors la mort entre les dens
> » Il revivroit d'avoir tel passe-temps ».

www.ingramcontent.com/pod-product-compliance
Ingram Content Group UK Ltd.
Pitfield, Milton Keynes, MK11 3LW, UK
UKHW012113240726
13965UKWH00004B/1738

9 782013 059657